SOLUTION

DE LA

QUESTION D'ORIENT,

ET

NEUTRALITÉ PERPÉTUELLE DE L'ÉGYPTE.

Par l'Auteur

DE L'HISTOIRE DE LA DIPLOMATIE FRANÇAISE,
DU CONGRÈS DE VIENNE, ETC.

Paris.

CHEZ DENTU ET LEDOYEN, LIBRAIRES,
PALAIS-ROYAL.

—

1840

SOLUTION

DE LA

QUESTION D'ORIENT,

ET

NEUTRALITÉ PERPÉTUELLE DE L'ÉGYPTE.

SOLUTION

DE LA

QUESTION D'ORIENT,

ET

NEUTRALITÉ PERPÉTUELLE DE L'ÉGYPTE.

Par l'Auteur

DE L'HISTOIRE DE LA DIPLOMATIE FRANÇAISE,
DU CONGRÈS DE VIENNE, ETC.

Paris.

CHEZ DENTU ET LEDOYEN, LIBRAIRES,
PALAIS-ROYAL.

—

1840

IMPRIMERIE D'ÉD. PROUX ET Cᵉ,
3, rue Neuve-des-Bons-Enfans.

SOLUTION

DE LA

QUESTION D'ORIENT,

ET

NEUTRALITÉ PERPÉTUELLE DE L'ÉGYPTE.

———

La question d'Orient *ne sera point envisagée dans cet écrit, sous le point de vue philosophique, ni sous celui des mœurs et des intérêts des peuples qui habitent cette portion du globe, mais uniquement sous le point de vue de la situation respective du grand-seigneur et du pacha d'Egypte, en présence des grandes puissances médiatrices.*

———

Les temps sont loin où Soliman-le-Grand écrivait au roi de France, *François* Ier :

« Moi, qui suis l'empereur des empereurs, le
» prince des princes, le distributeur des couronnes
» des rois, l'ombre de Dieu sur les deux terres, le
» dominateur de la mer Blanche et de la mer Noire,

1

» de l'Asie, de l'Europe, de la Grèce, de la Perse,
» de l'Égypte, de l'Arabie Heureuse et Pétrée, de
» la Judée, et de tant d'autres contrées acquises par
» mes glorieux ancêtres, ou que j'ai subjuguées
» moi-même avec mon cimeterre, accoutumé à la
» victoire;

» L'empereur SOLIMAN, fils du sultan *Bajazet,*
» fils du sultan *Sélim*, à vous, *François* Ier, roi de
» France. »

Ce faste du langage oriental pouvait être excusable
dans celui qui avait enlevé à l'Europe plusieurs de
ses boulevards, conquis l'île et la ville de Rhodes,
défendues par la fleur de la chevalerie chrétienne,
asservi la Hongrie, porté les étendards *à trois queues*
jusque sous les bastions de Vienne, et secouru, par
terre et par mer, François Ier vivement pressé par
le redoutable Charles-Quint, qui seul rivalisait,
avec Soliman, de puissance et de domination. Mais,
depuis, le colosse ottoman, comme tous les grands
États élevés par le fanatisme de la barbarie et la
force des armes, plutôt que fondés sur une législation éclairée, avait subi d'éclatans revers.

La perte de la Crimée, l'indépendance du Pélo-
ponèse, l'incendie de la flotte turque à Navarin, le
traité d'Andrinople, qui donnait à la Russie les
bouches du Danube, les défaites dans la campagne
de 1833 contre Méhémet-Ali récompensé par la
remise de la Syrie, et sa nouvelle révolte, étaient
autant de coups funestes portés à la puissance du

sultan Mahmouth. Ce prince, saisissant les causes de la décadence de sa nation, s'occupait à la régénérer par les institutions militaires et civiles de l'Europe, comme à punir le rebelle Méhémet-Ali, et à lui reprendre les pays qu'il lui avait inféodés par nécessité.

L'opinion de Mahmouth était qu'il avait été encouragé dans sa rébellion par la France. Ayant reçu, peu avant sa mort, du cabinet des Tuileries, une note d'une extrême arrogance, il l'avait renvoyée à l'ambassadeur de France, l'amiral Roussin, en disant « qu'à peine Napoléon aurait osé lui en adres- » ser une pareille ; » ajoutant « que les Français ne » faisaient que favoriser les rebelles Égyptiens, et » que les vrais alliés de la Porte étaient les An- » glais, les Autrichiens et les Russes. » Tandis que l'armée turque dirigée contre Méhémet-Ali et composée de jeunes recrues, était battue à Nezib, la flotte turque en défection se retirait à Alexandrie, Mahmouth expirait à la fleur de l'âge et dans l'ardeur de ses projets. Ces événemens ayant jeté le trouble dans les conseils de son jeune successeur, Abdul-Medjid, Méhémet-Ali en avait profité pour exiger de la Porte, pour prix d'une feinte soumission, l'indépendance et l'hérédité de l'Égypte, de la Syrie, de l'île de Candie et de ses divers gouvernemens. Le cabinet ottoman se bornait à lui offrir son pardon, avec confirmation dans le pachalick de l'Égypte. Cependant, comme il y

avait à craindre que l'audace et l'opiniâtreté de Méhémet-Ali ne l'emportassent, les ministres d'Angleterre, de France, de Russie, de Prusse et d'Autriche, avaient arrêté à Vienne, dans les premiers
jours de juin, *le maintien de l'intégrité de l'empire
ottoman.*

La France y adhérait, en y joignant la prétention
d'arracher à la Porte Ottomane, le libre passage des
Dardanelles accordé aux seuls vaisseaux de guerre
russes par le traité d'alliance d'*Unkiar-Sckelessi*,
de **1833**, entre la Russie et la Turquie, et elle
en exigeait l'annulation.

L'Angleterre partageait cette prétention, mais
avec moins de chaleur. Du reste, il y a lieu d'observer que la concession faite à la Russie devait
remplacer le secours que la Porte était tenue de
fournir à la cour de Pétersbourg dans la guerre;
d'où il suit que si la Russie jouissait du privilége
du passage des Dardanelles, c'était à titre onéreux,
et qu'ainsi elle ne pouvait en être dépouillée, ni
même le partager avec d'autres puissances, sans
son consentement formel; la sûreté de ses établis-
semens de la mer Noire étant d'ailleurs intéressée
à ce qu'elle restât *mer fermée.* Toutefois la Russie,
en adhérant au maintien de l'intégrité de l'empire
ottoman, avait refusé de soumettre à la délibéra-
tion des grandes puissances, la question du passage
des Dardanelles, comme lui étant essentiellement
personnelle.

Pour justifier ses exigences vis-à-vis de la Russie, le gouvernement français lui attribuait la pensée fixe de s'emparer de Constantinople. Si pourtant l'on réfléchit à la prudence si calculée du cabinet de Pétersbourg, on hésitera à croire qu'il songe à une acquisition qui soulèverait toute l'Europe, et dont le succès même serait susceptible d'amener la division de l'empire russe, ainsi que l'avait éprouvé, au IVe siècle, l'empire romain. La Russie, déjà si vaste, ne pourrait, sans une crise intérieure, posséder deux métropoles aussi éloignées et différant d'esprit national, de mœurs, de culte, d'intérêts. Son monarque, entraîné à opter, se prononcerait infailliblement pour la glorieuse création de Pierre-le-Grand en dépit de ses frimats, contre la création de Constantin, malgré son site admirable. A Pétersbourg, le czar s'appuie sur le Nord, siége et fondement de sa puissance. Là, il est devenu partie intégrante de l'Europe et influe sur tous ses mouvemens ; à Constantinople, il devient asiatique et moitié musulman, et a bien moins de considération et de poids. Lorsque Catherine II, dans un sentiment d'orgueil suggéré par Potemkin, eut la velléité d'arriver à Constantinople, c'était plutôt en vue de ressusciter l'empire bysantin en faveur d'un de ses petits-fils.

Le cabinet des Tuileries alléguait encore contre la Russie, que le traité d'*Unkiar-Sckellessi* mettait la Turquie sous *son protectorat*, tandis qu'au contraire cette alliance, égale dans ses stipulations pour les parties contractantes, impose à la Russie l'obligation de défendre l'empire ottoman ; acte d'une sage politique de la part du ministère turc, qui, par là, a neutralisé et même rattaché la cour de Pétersbourg à sa conservation, à moins de supposer que l'alliance jurée lui donnât le droit d'envahir par la force ou d'enchaîner par une influence despotique l'empire ottoman, crime politique répété plusieurs fois, *sous l'empire français de dix ans,* mais dont les funestes résultats ont dû en dégoûter pour long-temps.

A quoi il faut ajouter que, par le traité d'Unkiar-Sckellessi, l'Europe se trouve dispensée d'exercer son protectorat sur la Porte, protectorat qui, réparti entre cinq grandes puissances agissant d'une manière opposée, ainsi qu'on le voit déjà, deviendrait pour la Turquie une humiliante domination, en même temps qu'elle pourrait brouiller les protecteurs. Un ou deux alliés bien intentionnés suffisent. Cependant les cinq grandes puissances, ne croyant pas avoir assez fait, en se prononçant en juin 1839 pour l'intégrité de l'empire ottoman, avaient jugé à propos de se constituer médiatrices entre le sultan et le pacha d'Égypte. Par une déclaration signifiée à la Porte-Ottomane le 27 juillet, elles lui annonçaient qu'elles ne reconnaîtraient pour arrangement valide entre elle et Méhémet-Ali, que celui dont elles auraient réglé les clauses. Le sultan s'était empressé d'adhérer à cette déclaration., mais le pacha s'y était refusé. N'ignorant pas que la majeure partie des puissances ne lui était pas favorable, il aurait voulu traiter sans leur concours avec le cabinet ottoman.

C'est dans cet état de choses que l'auteur du présent écrit, voyant les épais nuages dont se chargeait l'horizon et les graves difficultés d'une conciliation, se permit par zèle, ce qu'il avait déjà fait plusieurs fois par devoir, de rédiger le plan suivant qui fut remis à M. d'Eyragues, secrétaire du cabinet du ministre, et aujourd'hui ministre de France à Carlsruhe, en le priant de le mettre sous les yeux du président du conseil, le maréchal Soult. Ce plan était textuellement tel qu'il suit (1) :

A M. le maréchal duc de Dalmatie, président du conseil et ministre des affaires étrangères.

SOLUTION DE LA QUESTION D'ORIENT,

Par la neutralité perpétuelle de l'Egypte.

« L'intention proclamée des grandes puissances étant de maintenir l'intégrité de l'empire ottoman et de rétablir la bonne harmonie entre le sultan et le pacha d'Egypte, par des voies pacifiques et également utiles et honorables pour les parties, le

(1) Le lecteur voudra bien, pour les faits et le raisonnement, se rappeler que ce Mémoire a été fait en août 1839.

soussigné se permet d'énoncer quelques idées sur ce grave sujet.

» Il faut d'abord reconnaître que la principale difficulté , indépendamment des difficultés incidentes , telles surtout que l'entrée à Alexandrie de la flotte turque , est de satisfaire aux prétentions exagérées de Méhémet-Ali ; prétentions nées de ses succès ainsi que de la crainte qu'il a du juste ressentiment de la Porte, laquelle, outre le désir qu'elle peut avoir de le punir de son insoumission , ambitionne de rentrer dans les territoires arrachés à l'irréflexion.

» Il y a donc lieu de présumer que si Méhémet-Ali n'avait plus rien à redouter de la Porte, il ne se montrât disposé à se contenter de l'Égypte et à se désister de la Syrie. Or, *l'investiture héréditaire de l'Égypte garantie par les cinq puissances et par la neutralité perpétuelle de ce pays, toujours placée sous la souveraineté du grand-seigneur, et avec l'obligation du tribut annuel* (1)*, serait sans doute , pour Méhémet-Ali , un gage suffisant de stabilité , en même temps que le gouvernement héréditaire de l'Égypte serait un sort assez brillant pour un vassal qui avait tout au moins mérité sa destitution.*

» Placé sous l'égide d'une neutralité perpétuelle , et devenu, pour ainsi dire, inviolable, Méhémet-

(1) Du reste, ces stipulations encore incertaines, dépendent du degré de soumission de Méhémet-Ali aux injonctions des puissances médiatrices.

Ali ne serait plus entraîné dans des préparatifs de terre et de mer, pour lesquels il épuise les dernières gouttes du sang des *Cophtes* et des *Felhats*, plus opprimés qu'aucun peuple de la terre. Méhémet-Ali, qui est septuagénaire, pourrait suivre dans le repos, ses plans de civilisation morale et matérielle, en supposant qu'il n'ait vu, dans la civilisation européenne, autre chose que des moyens de subjuguer plus facilement ses ignorans voisins.

» De son côté, le grand-seigneur, rentré dans les derniers démembremens de l'empire ottoman, et rassuré sur son ambitieux vassal par la neutralité perpétuelle, pourrait, sous la garantie des grandes puissances, s'occuper à reconstruire ses États ébranlés, sans avoir recours au *protectorat russe* qui se trouverait désormais sans application immédiate.

» Il est un second point non moins important, mais plus large et plus sérieux, puisqu'il intéresse pour des siècles, les peuples des grandes puissances ; c'est que le souverain ou l'administrateur suprême de l'Égypte, quel qu'il soit, *devra être tenu de leur ouvrir ses routes, ses ports et la navigation du Nil jusqu'à Suez et Cosseir, moyennant un léger droit de transit et d'entrepôt ;* de telle sorte que le commerce des peuples d'Europe puisse, en toute liberté et sûreté, se porter, par l'Égypte, dans la mer Rouge, le golfe Persique, en Arabie, la Nubie, le Candahar et les Indes.

» Il est superflu de chercher à démontrer l'immensité des avantages qui découleraient de cette liberté du commerce de l'Orient pour les peuples d'Europe, et principalement pour la France dont tous les efforts se portent vers l'extension de son commerce maritime.

» L'Autriche ne pourra qu'applaudir à un projet si favorable à ses provinces de l'Adriatique.

» L'Allemagne septentrionale et la Prusse même en profiteront par suite de l'impulsion générale vers l'Orient.

» La Russie y participera pour ses sujets de la mer Noire. De plus, il y a lieu d'espérer que le bon accord, qui doit en résulter entre toutes les puissances, permettra de mettre à l'écart la question si délicate, en fait comme en droit, du passage libre des Dardanelles.

» L'Angleterre pourrait peut-être, au premier aperçu, prendre ombrage de cette extension du commerce européen en Orient, dans l'appréhension que des rivaux n'introduisissent dans ses possessions de l'Indostan, des marchandises de contrebande ; mais ses appréhensions se dissiperont si elle considère qu'indépendamment des lois de la neutralité, le gouvernement anglo-indien peut prendre, sur ses côtes et ses frontières, toutes les mesures légales de sûreté, et qu'en définitive, la neutralité égyptienne doit donner une plus large ouverture à des exportations que Méhémet-Ali paraissait disposé à entraver.

» Dans cette grande crise politique, le cabinet français aurait donc la double gloire d'avoir contribué plus qu'aucun autre, et sans commotion violente, à détourner l'orage qui grondait sur l'Orient et l'Occident, comme d'avoir, par le libre transit à travers l'Égypte, singulièrement développé le commerce européen, en faisant de cette région un centre de communication entre les peuples navigateurs. — La politique, puisque l'occasion s'en présente, ne doit pas manquer de doter ce pays d'*une neutralité perpétuelle* qui consacrera ses bienfaits, en même temps qu'elle offre une sorte d'indemnité, pour les soins des gouvernemens médiateurs dans la pacification de l'Orient.

» Pour l'acceptation et la mise à exécution du présent dessein dans lequel tout est positif, il semble qu'il doit suffire que le cabinet des Tuileries en donne successivement communication confidentielle aux puissances médiatrices, à la Porte et au pacha d'Égypte ; communication qui, convertie en une déclaration officielle, paraît susceptible d'avoir la sanction des grandes puissances et l'approbation de leurs peuples, puisqu'elle n'a pour objet que l'utilité de tous.

»" DE FLASSAN.

» Ce 25 août 1839. »

Le secrétaire du cabinet répondit à l'auteur le 1er septembre suivant :

« Monsieur , j'ai lu et j'ai soumis à M. le ma-
» réchal les notes sur la question d'Orient, que vous
» m'avez fait l'honneur de m'adresser le 24 du
» mois dernier.

» L'adoption des moyens de conciliation entre la
» Porte et le pacha d'Égypte, que vous proposez, *se-*
» *rait certainement fort désirable, mais les événemens*
» *ont tellement marché depuis quelques mois, qu'ils ne*
» *pourraient plus servir aujourd'hui de bases à ces ar-*
» *rangemens.*

» D'ailleurs, *le maréchal ne voit aucun inconvé-*
» *nient à ce que vous fassiez connaître vos idées à cet*
» *égard, si vous jugez convenable de les publier.*

» Veuillez agréer, etc.,

» Le marquis D'EYRAGUES.

» Ce 1er septembre 1839. »

On voit que le projet de conciliation repose sur
ce principe de la politique pratique : « Que, lorsqu'un état du second ou du troisième ordre est dans
une position telle qu'il est l'objet de la convoitise et
de la jalousie de plusieurs puissances rivales, et peut
même devenir un sujet fréquent de guerre, il est
avantageux pour ces puissances comme pour l'État
en question, d'être placé sous la protection *d'une
neutralité perpétuelle.* » C'est ce qui fut exécuté, il y a
déjà plusieurs siècles, à l'égard des cantons suisses.

Cela a eu lieu au congrès de Vienne, en 1814, en faveur de la république de Cracovie; et récemment pour la Belgique, *d'après un plan remis par nous, en* 1831, au ministre des affaires étrangères, le général Sébastiani (1). L'idée n'est donc pas neuve, et le mérite, comme dans les actes les plus importans de la direction politique, n'est que dans l'à-propos de l'application.

Or, voici maintenant quels événemens nouveaux empêchèrent l'acceptation du plan de conciliation proposé.

Le gouvernement français, nonobstant qu'il eût approuvé à Vienne le maintien de *l'intégrité* de l'empire ottoman, et fût un des signataires de la déclaration de *juillet* des cinq grandes puissances médiatrices, était sorti de ces voies lorsque la fortune se fut déclarée contre le sultan. Aussi peu fidèle à ses premiers engagemens envers les co-médiateurs, que peu généreux envers la Porte dont il se constitue toujours *l'allié le plus constant*, le cabinet des Tuileries avait songé à détacher de la Turquie plusieurs grandes provinces, pour en apanager le pacha révolté, et lui créer un empire capable de| balancer la puissance russe dans l'Orient, et celle de l'Angleterre dans l'Inde, comme de procurer des priviléges au commerce français.

Pour colorer son changement de système, le ca-

(1) Voyez l'Appendice.

binet des Tuileries a allégué : « que l'intégrité du territoire de l'empire ottoman ne devait pas s'entendre de la totalité des provinces dont il se composait avant la guerre avec Méhémet-Ali, mais de la conservation de cet empire *dans des limites possibles ;* » subtilité contraire au sens naturel des mots, et qui pourrait conduire à un démembrement indéterminé de la Turquie, d'après les idées diverses qu'on pourrait se former de sa faiblesse, de sa civilisation ou de sa part dans l'équilibre général. — C'est pour préparer l'exécution de ce plan, que l'ambassadeur de France près de la Porte, le vice-amiral Roussin, peu disposé en faveur de Méhémet-Ali, fut remplacé par le sieur de Ponthois, ministre près les États-Unis, lequel reçut pour instruction d'amener le sultan, non seulement à transiger avec Méhémet-Ali, mais à le faire sans le concours des puissances médiatrices, et à lui accorder l'hérédité et l'indépendance de ses divers gouvernemens. Les communications du sieur de Ponthois, au cabinet turc et aux ministres étrangers, avaient été repoussées sans détour, principalement par l'ambassadeur d'Angleterre, lord Ponsonby, qui se plaignit de la violation des engagemens pris par la France et de la protection accordée au rebelle Méhémet. En même temps, pour rassurer le cabinet turc, il lui annonçait qu'un concert d'opérations allait être arrêté entre les médiateurs, pour maintenir, contre la France, *l'intégrité réelle de l'empire ottoman.*

Le ministre Ponthois alléguait, en faveur de Méhémet-Ali, *les droits de la victoire*, *les faits accomplis et la civilisation* introduite en Égypte par le génie du pacha. A quoi il était répondu : 1° Que les
droits de la victoire ne pouvaient être réclamés pour
des succès coupables et dans une guerre civile où
le grand-seigneur avait pour alliés, l'Angleterre, la
Russie et l'Autriche; 2° que la concession du pachalick de la Syrie, d'Aduna et de l'île de Candie,
ne constituait pas des faits accomplis, et n'était
qu'une libéralité, révocable à volonté par le sultan ;
3° que la civilisation tant prônée de l'Égypte, dé-
pourvue de moralité et toute matérielle, se bornait
à quelques institutions incomplètes dirigées par
des étrangers, à des fabriques d'armes, à des con-
structions maritimes et à l'organisation de l'armée
égyptienne, objets auxquels le pacha consacrait le
sang, les sueurs et la fortune des malheureux
felhats ruinés par son monopole et ses exactions ;
4° que le génie de Méhémet-Ali, sur le front duquel
on voulait placer un diadême, était celui d'un tyran violent et usurpateur, et non le génie magna-
nime et désintéressé du législateur voué à la félicité
de sa nation.

C'est pourtant pour ce personnage que le ministre
de France réclamait des concessions de pays au-
trefois puissans royaumes; concessions qui, suivant lui, étaient conformes à l'équité, « *puisqu'elles
» étaient jugées telles par la puissance qui avait toujours*

t été la meilleure amie de la Porte ; » Que le sultan, qui se prononçait avec tant de hauteur, devait se souvenir qu'il avait été vaincu, et que si la France avait arrêté Méhémet-Ali dans le cours de ses victoires, et la marche d'Ibrahim-Pacha sur Constantinople, ce ne pouvait être qu'en lui promettant *une partie* de ce qui était peu de chose, en comparaison de ce que lui offrait le sort des armes.

» Que si l'armée égyptienne était amenée par les circonstances sous les murs de Constantinople, une guerre générale n'en résulterait pas pour cela ; que ce ne serait pas une atteinte à l'intégrité de l'empire ottoman, et *qu'on pourrait finir par ne voir dans ce fait, qu'un déplacement.* »

C'était annoncer, en termes assez clairs, que la France, *cette meilleure amie de la Porte*, ne verrait dans l'envahissement du trône ottoman qu'un événement fort naturel. Les esprits révolutionnaires parlent avec cette froide indifférence de la chute des dynasties, sans tenir compte du droit, ni des calamités qui presque toujours suivent ces catastrophes. Au reste, le ministre Ponthois avait bien choisi son temps, celui des embarras de la Porte, pour tenir un pareil langage ; car plus d'un des prédécesseurs du jeune Abdul-Medjid eût bien pu lui enseigner brutalement le respect dû au souverain local.

Le ministère turc avait continué de repousser les sollicitations aussi hautaines que déplacées de l'envoyé des Tuileries, et persisté à refuser aux vaisseaux de guerre français le libre passage des Dardanelles, exigeant même que l'ambassadeur *Sercey*, qui s'était embarqué à Trébisonde, pour se rendre en Perse, retirât les canons et baissât le pavillon de son bâtiment.

Pendant le cours de ces infructueuses négociations, le sultan, dévoué au système de réforme de son père, et docile aux conseils du grand visir Kosrew et de Reschid-Pacha, s'occupait à introduire dans ses Etats une administration plus régulière. Par un *hatti-scherif* du 2 novembre, il fondait une nouvelle législation protectrice des personnes et des propriétés, et mettait de l'ordre dans ses finances. Méhémet-Ali, à qui le hatti-scherif avait été signifié, l'avait reçu avec un profond respect, quoiqu'il fût peu disposé à en favoriser l'exécution, parce que le nouvel ordre de choses détruisait le monopole, source de ses richesses, et enchaînait son despotisme. Aussi avait-il ordonné, tout en publiant le hatti-scherif, la continuation de sa propre administration *jusqu'à la paix;* délai qui décélait suffisamment son intention de la perpétuer, s'il était reconnu possesseur héréditaire et indépendant de ses gouvernemens.

La cour de Vienne n'avait pas tardé à opposer aux communications impérieuses du ministre Ponthois, une déclaration contraire, envoyée à l'internonce autrichien, le baron de Sturmer, qui, par son zèle actif et sa loyauté, avait mérité l'estime générale. La déclaration du cabinet autrichien confirmative de l'intégrité de l'empire ottoman , après avoir été agréée par tous les ministres auprès de la Porte, à l'exception de celui de France , avait été transmise à Londres ; et, à la suite de plusieurs conférences, avait amené , vers la fin de décembre 1839, entre les représentans des puissances médiatrices, UNE CONVENTION (1) portant : « Que la base de l'arrangement à intervenir entre le sultan et le pacha d'Egypte , *était la garantie de l'indépendance , de l'intégrité et de la sûreté de l'Empire ottoman , contre toute nouvelle attaque du pacha auquel la Porte accorderait l'Egypte ;*

» Que les limites du pachalick d'Egypte s'étendraient du cap Carmel en ligne droite jusqu'au lac Tabarieh , et de là, le long du Jourdain et de la mer Morte , jusqu'au golfe d'El-Acala, sous la condition *que Méhémet-Ali reconnaîtrait la souveraineté de la Porte-Ottomane, et lui paierait un tribut annuel en preuve de cette reconnaissance ;*

» Que tout le territoire en dehors de la délimitation ci-dessus, serait rendu à la Porte-Ottomane, et que la flotte turque serait renvoyée à Constantinople, sans déduction sur le tribut dû par le pacha, des frais d'entretien ;

» Que lorsque ces dispositions auraient été rati-

(1) Quoique cette convention n'ait pas été publiée officiellement , elle n'est pas moins aussi réelle dans sa substance que sage dans ses combinaisons.

fiées par la Porte, elles seraient communiquées à Méhémet-Ali, avec sommation, de la part des puissances médiatrices, de s'y soumettre; et, qu'en cas de refus, elles emploieraient graduellement contre lui des mesures coërcitives, lesquelles seraient la prise de possession du golfe de *Scanderoun*, pour de là menacer Ibrahim-Pacha sur ses flancs, interrompre ses communications avec la Syrie, rétablir le Grand-Seigneur dans l'île de Candie, et former le blocus de la Syrie et de l'Egypte, afin de paralyser les ressources de Méhémet-Ali ;

» Qu'en cas de résistance ultérieure de sa part, un débarquement de troupes autrichiennes et anglaises, dans l'île de Candie et en Syrie, aurait lieu ; et un corps d'armée russe entrerait dans l'Asie mineure, pour coopérer avec les troupes ottomanes et attaquer Saint-Jean-d'Acre ; tandis qu'un débarquement de troupes anglaises, parties de Bombay et effectué à Suez, attaquerait l'Egypte pour en expulser Méhémet-Ali et sa famille ;

» Que dans le cas où Ibrahim Pacha marcherait sur l'Asie-Mineure, alors, à la demande formelle du Grand-Seigneur, et au nom de l'alliance, une flotte russe, chargée de troupes de débarquement, mettrait à la voile pour le Bosphore ; tandis que les escadres anglaise, française et autrichienne opéreraient du côté de la Syrie, pour arrêter Ibrahim-Pacha dans sa marche ;

» Qu'à l'effet de constater l'accord intime des

puissances, un certain nombre de vaisseaux anglais et français prendrait position, à la demande de la sublime Porte, entre Gallipoli et Mononia, et des vaisseaux autrichiens se placeraient entre Rodorto et le golfe de Nicomédie, avec obligation, pour les vaisseaux de guerre étrangers entrés dans la mer de Marmara, de s'éloigner lorsque le danger serait passé; que, du reste, la présence des étrangers ne devait être considérée que comme une mesure exceptionnelle, prise à la demande expresse de la Porte; principe que les puissances contractantes prenaient l'engagement de considérer comme partie intégrante du droit public européen. »

La présente convention devait être signée par les plénipotentiaires des puissances médiatrices qui voudraient y prendre part, et invitation serait faite à la France d'y accéder; mais, en cas de refus, le pavillon français serait exclu de la mer de Marmara; refus qui n'empêcherait pas les autres parties contractantes d'exécuter ce qui venait d'être arrêté.

Cette convention, après avoir été communiquée à la Porte qui l'avait acceptée, avait été signifiée par les consuls d'Angleterre et de France à Méhémet-Ali, lequel avait répondu au colonel anglais *Hodges :* « Qu'il consentait à rendre une partie de ses conquêtes, mais que jamais il ne renoncerait à la Syrie qui lui avait coûté si cher, et qu'il préfèrerait plutôt se mettre à la tête de ses flottes et périr ; Que , *sorti du néant , il était prêt , si le sort l'exigeait , d'y rentrer.* »

Pressé par le consul général de France de ra-battre de ses prétentions, s'il voulait compter sur la protection de la France, Méhémet-Ali jouant la colère, s'était écrié : « Que si la France l'aban-» donnait, il saurait seul tenir tête à l'Europe ; » et il s'était hâté d'organiser une garde nationale, de lever de nouveaux régimens, de fortifier Saint-Jean-d'Acre et les côtes ; mais, ce qui était encore plus audacieux, et plus insultant pour le Grand-Sei-gneur, il avait réuni à sa flotte l'escadre turque dont les équipages avaient revêtu l'uniforme égyptien. S'emparant en même temps des ressorts religieux, il faisait prêcher dans les mosquées, que ses arme-mens n'avaient pour but que la défense de l'*Isla-misme* et *de l'honneur des femmes contre* les *infi-fidéles chrétiens*, fomentait des révoltes dans les provinces, et ourdissait dans le sérail, avec la sultane Validé, des intrigues contre le grand-visir Kos-rew. Mélange d'audace et de souplesse, Méhémet-Ali, tantôt menaçait de tout renverser et de s'ense-velir sous des débris ; tantôt, prosterné aux pieds du sultan, il se déclarait le plus humble de ses su-jets, et ne sollicitait l'hérédité de ses gouverne-mens que pour relever l'éclat du Croissant, quand son unique pensée était L'INDÉPENDANCE, laquelle était également celle de ses conseillers italiens et français, la plupart renégats qui, vivant des libéra-

lités de Méhémet-Ali , flattaient ses ambitieux desseins , lui en suggéraient, et le poussaient à une résistance désespérée.

Tandis que le cabinet des Tuileries se prononçait en Orient contre l'intégrité de l'empire ottoman,
le roi des Français disait, le **23** décembre **1839** ,
aux deux Chambres : « Que la politique de son gou-
» vernement *était toujours d'assurer cette intégrité*
» dont l'existence était si essentielle au maintien de
» la paix générale ; et que, quelles que fussent les
» complications qui résultaient de la diversité des
» intérêts, il avait l'espérance que l'accord des
» grandes puissances amènerait une solution équi-
» table et pacifique. »

L'Europe attentive dut accepter cette déclaration
solennelle ; et, néanmoins , personne n'ignorait
que le cabinet des Tuileries poursuivait, depuis plusieurs mois , le démembrement de la Turquie en faveur du pacha d'Égypte. Cette contradiction donne
à supposer que Louis-Philippe , malgré la netteté
de sa déclaration , n'avait adopté le maintien de
l'empire turc, qu'avec la restriction mentale *des limites possibles.*

Les complications nées de cette double pensée ,
s'étaient accrues par la prétention de la France
d'obtenir, de la Porte, le libre passage de ses vaisseaux de guerre par les Dardanelles.

Le président du cabinet, le maréchal *Soult*, avait
refusé de s'expliquer avec les Chambres , sur l'état

des négociations en Orient. On y avait toutefois passé
en revue tous les systèmes et toutes les combinaisons,
tels que le partage ou la réduction de la Turquie,
la création d'un empire arabe, et même des projets
de remanîmens de l'Europe. Dans des discussions
contradictoires, Méhémet-Ali, préconisé par les uns,
était traité par d'autres, *d'aventurier;* et l'empire turc
eut des détracteurs qui en désespéraient, ainsi que
des défenseurs qui auguraient bien des réformes ré-
centes. Le cabinet français, accusé de mauvaise foi
à l'égard de la Turquie, dit qu'il suffisait, pour son
intégrité, que le sultan fût maintenu dans la suse-
raineté de ses provinces. Au reproche *d'inaction*, il
répondait que cette inaction n'avait point été oisive,
puisqu'il avait réussi à suspendre la marche victo-
rieuse d'Ibrahim-Pacha, et à arrêter les mesures
coercitives contre le pacha d'Égypte.

La justification du cabinet n'avait paru satisfaisante
à aucune des Chambres. Sa politique *napoléonienne*
avait tout brouillé, surtout en exigeant impérieuse-
ment de la Russie, qu'elle renonçât au bénéfice
du traité d'Unkiar-Schellessi qui lui accordait le
libre passage des Dardanelles. Dans le feu d'un
zèle patriotique, mais hors de saison, le président
du cabinet avait terminé la discussion avec le
chargé d'affaires de Russie, le comte de Médem,
par ces paroles : « *C'est moi qui vous le dis, le ma-*
» *réchal Soult, vieux soldat qui ne craint pas le*
» *canon;* » Langage fier, qui était pourtant un peu

extraordinaire, quand on sait que la France n'avait pour le soutenir que quelques vaisseaux de ligne à l'entrée du Bosphore. On a vu comment le ministre Ponthois, chargé par le cabinet de faire prévaloir, auprès de la Porte, le nouveau système français, n'avait rencontré que des dissentimens formels.

Le ministère Soult ayant, par trop de confiance, négligé de s'assurer de la majorité de la Chambre dans la demande d'une dotation pour le duc de Nemours, dont il avait fait *une question de cabinet*, avait profité de son rejet pour prendre sa retraite, ne laissant pas une grande idée de son génie en diplomatie.

Louis-Philippe, après s'être adressé vainement, pour la reconstruction du cabinet, à plusieurs ex-ministres, était descendu jusqu'à M. Thiers, quoiqu'il n'aimât ni son caractère ni ses opinions; et celui-ci n'ayant pu réussir auprès du maréchal Soult et de M. de Broglie, avait rallié à lui plusieurs députés avec lesquels il avait formé un cabinet dont il s'était constitué PRÉSIDENT, en y joignant le ministère des affaires étrangères. M. Thiers qui, depuis quatre ans, s'était jeté dans l'opposition formée de la gauche et du centre gauche de la Chambre élective, leur avait fait adopter ce principe : « *Que le roi règne et ne gouverne pas;* » maxime qui, revêtant la Chambre de tout le pouvoir législatif et le conseil des ministres de la direction suprême des affaires de l'Etat, ne laisse au roi que la représentation honorifique ou le faux brillant d'un diadême décoloré, et le réduit à la présence purement matérielle dans son conseil ; ce qui conduirait à cette fâcheuse réflexion : *A quoi sert donc la royauté ?* Le monarque est, dit-on, dégagé de la responsabilité, laquelle est toute entière reportée sur le ministère ; mais un prince qui a de la dignité, ne peut que gémir de se voir dépouillé de la faculté de disposer des places, des honneurs et du *droit de vouloir*, qui sont le plus bel apanage de la couronne.

Pour justifier cette semi-révolution démocratique, on cite l'*omnipotence* du parlement d'Angleterre ; mais les chambres des deux pays ne sont pas placées sous le même horizon. La chambre *des lords* est une aristocratie héréditaire, illustrée par l'antiquité de l'origine, puissante par de vastes domaines et de nombreux cliens, formée par une longue pratique à la science du gouvernement, et brillant autant que celle *des communes*, par l'ascendant de la parole. Dans celle-ci même on retrouve plusieurs fils de lords, les plus grands tenanciers et l'élite de la classe moyenne. Or, la législature française offre-t-elle de pareils élémens de force et de considération publique ?

Comment le président du conseil, arrivé à un pouvoir presque dictatorial, par la neutralisation du pouvoir du monarque, va-t-il remplir sa haute mission? Dans son premier ministère, M. Thiers s'était prononcé dans les questions belge, d'Ancône et d'Espagne, avec des opinions qui, repoussées par les cabinets d'Europe, avaient amené sa chûte. Il est vrai qu'il veut aujourd'hui qu'on regarde ces événemens comme des faits consommés ; mais est-il certain que, chez l'étranger, les impressions en soient effacées? La politique a ses archives, ses souvenirs, et les antécédens servent de sillon lumineux. De là, des pronostics divers sur l'avenir du nouveau ministère, malgré ses professions de foi claires dans l'expression, mais dont les partis ne se contentent pas à une époque où le langage prend tant de formes.

Quoi qu'il en soit, le président du conseil, exposant ses vues sur les questions qui agitent en ce moment les cabinets, a dit d'abord, au sujet du démêlé entre la Porte-Ottomane et Méhémet-Ali, « qu'il regardait la question comme résolue par l'unanimité de la Chambre élective, *en faveur du* » *maintien de l'empire ottoman ; mais sans vouloir la* » *destruction de ce vassal puissant, plein de génie, que,* » *pour son compte, il* (M. Thiers) *regardait, non pas* » *comme l'ennemi du sultan, mais comme son arrière-* » *garde contre les envahissemens qui voudraient le par-* » *tager.* » C'est la continuation du système du précédent cabinet, lequel consiste à dépouiller le sultan de plusieurs belles provinces pour en doter un sujet insoumis, dans la pensée *trop candide* qu'il sera l'appui du Croissant. Ce serait une découverte en histoire et en politique , que celle qui démentirait cette vérité de tous les temps , que les usurpateurs ont toujours cherché à affermir leur pouvoir en achevant de dépouiller leur ancien maître, lequel, de son côté, ne peut guère leur pardonner ; en sorte que la paix faite entre eux , ne fut jamais , en général, qu'une fausse paix. Qu'est-ce donc que *ce puissant génie* de Méhémet-Ali , que tous les voyageurs peignent comme un tyran rusé, disposant, avec tout le despotisme oriental, de la fortune et de la vie de ses administrés? C'est offrir en lui une prime d'encouragement à toutes les ambitions, et un appât à tout aventurier audacieux. Le nouveau cabinet regarde pourtant cette élévation désordonnée comme une *affaire d'honneur* pour la France ; comme si l'honneur d'une nation pouvait s'identifier avec la fortune d'un pareil homme, d'un *marchand colporteur de Salonique* si haut parvenu par plus d'un crime ! S'il en est ainsi , mettez au concours toutes les dignités humaines , tous les trônes , et adjugez-les aux plus habiles révoltés.

Au sujet de L'ALGÉRIE , conquête imprudente qui, par diverses circonstances , a *contribué* à la chute de la restauration , le président du conseil a dit : « Que la France avait la souveraineté *de droit et de fait* de ce pays ; qu'elle devait la maintenir et l'étendre dans son intérêt ; qu'un jour la colonisation l'indemniserait de ses sacrifices ;

» Qu'après une trève de vingt-cinq ans , *la plus lon-*

gue (suivant le ministre) *qu'on eût encore vue*, le sang des peuples *bouillonnait* dans leurs veines; et que la France devait, à l'imitation de la Russie et de l'Angleterre, prendre part à des conquêtes civilisatrices; que c'était vers l'Afrique qu'elle devait diriger ses pas et ses desseins; qu'on ne saurait réussir qu'avec de grands efforts et en *dédaignant l'économie :* chose peu honorable et dangereuse, lorsqu'il s'agit d'*honneur et de puissance.* »

Ainsi le président du cabinet du 1er mars regarde la souveraineté de l'Algérie comme acquise à la France en *droit* et en *fait*, quoiqu'en droit elle appartienne depuis des siècles à la Porte-Ottomane, à laquelle la régence d'Alger payait un tribu triennal; la Porte ayant même fait auprès du gouvernement français plusieurs réclamations, et envoyé pour les justifier, une escadre dans les eaux de Tunis. La capitulation de 1830 souscrite par le dey d'Alger, n'a pu nuire au droit de la Porte, puisqu'il n'était qu'un chef à vie et éligible par le divan. Quant à *la souveraineté de fait,* ou à la possession du territoire, borné d'abord à la ville d'Alger, et successivement étendu par les armes, il est constant qu'aucun traité avec l'Angleterre, ni avec les autres puissances, ne l'a sanctionnée; et qu'elles la regardent, les yeux fermés, comme *par tolérance*, se reposant sur les résultats de la guerre avec la nation arabe, laquelle défend ses tentes et ses troupeaux avec l'acharnement de la propriété, le fana-

tisme de la religion , et l'ardent attachement à une civilisation conforme à ses usages et à ses lois ; civilisation aussi morale, quoique moins avancée dans les
arts, que celle de ses ennemis.

La souveraineté de fait sur l'Algérie, soumise à
des chances diverses, ne saurait donc être regardée comme reconnue et immuable. Cependant le
belliqueux président du conseil se prononce pour
l'occupation *illimitée* contre l'occupation *restreinte*,
et pense que les dispendieux efforts faits en Afrique seront compensés un jour par les avantages de la colonisation militaire substituée à la
population indigène détruite ou refoulée dans les
déserts du *Sahara ;* système qui a pu réussir dans
quelques pays neufs, occupés par des naturels ti-
mides ; mais qui, contre les descendans des Nu-
mides et des conquérans de l'Espagne, pourra bien
ne produire que dévastation, désolation, et une sté-
rile effusion de sang.

Le président du conseil offre à l'émulation des
Français, l'exemple de la Russie et de l'Angleterre,
se livrant en Orient à *des conquêtes civilisatrices ;*
mais c'est sur des pays et des peuples placés dans
des zones lointaines et presque indifférens à l'Europe ; tandis que l'invasion de l'Afrique septentrionale inquiète et menace les puissances maritimes émues de la prétention *que la Méditerranée
est un lac français.*

L'hiperbole *du sang bouillonnant* dans toutes les

veines, après une trève de vingt-cinq ans, et qui n'est pas, pour ceux qui connaissent l'histoire, *la plus longue qu'on ait encore vue*, semble appeler tous les peuples aux armes, comme à une nécessité de nature, à un entraînement irrésistible; ce qui assimilirait les peuples d'Europe à des barbares toujours altérés du sang humain.

La guerre d'Afrique est présentée à la nation française sous le point de vue de l'*honneur*; honneur ! mot magique, si souvent mal compris, et capable de rendre les guerres interminables; qui, appliqué à celle d'Afrique, sera pour la France une plaie toujours saignante; et peut devenir pour les puissances maritimes, l'Angleterre, l'Espagne, l'Italie, l'Autriche, la Turquie, un principe de perturbation, si la France parvient à consolider sa domination dans ces climats. Jusque là, ses rivaux verront avec joie les Arabes vaincus, jamais domptés, s'acharner sur leurs vainqueurs, et faire, sur le Continent, une utile diversion aux forces de la France.

La contestation entre la France et la République Argentine présente deux faits propres à faire apprécier la politique du cabinet français. Le premier est la prétention injuste que cette République doit accorder aux négocians français établis chez elle, les priviléges qu'elle n'accorde qu'aux Américains et aux Anglais, pour des motifs dont son gouvernement est seul juge. Un privilége ou une exception au droit commun ne s'exige pas à main armée ; et pourtant la France exerce un blocus équivalent à la guerre. Ce qui est non moins contraire au droit public, l'agent consulaire français, retiré à Montévideo, voyant le mauvais succès du blocus, a pris sur lui de fomenter l'insurrection de cette ville qui fait partie de la république argentine ; et, de son chef, a fourni des sommes considérables pour la levée d'une armée agissant contre la métropole. Sa conduite a été approuvée par le président du cabinet, qui, conformément à sa doctrine sur l'insurrection appliquée au pacha d'Egypte, a dit : « qu'il croyait » que, lorsqu'aux portes d'un État, par le mouve- » ment du temps et le besoin du pays, des révo- » lutions sont faites, on ne peut être indifférent à » leur égard. » Or, toujours on trouvera, *dans les mouvemens du temps et les besoins du pays ,* des motifs pour soutenir une insurrection, telle qu'est celle de Montévideo et de tout autre pays, que l'on présumera avantageuse. Ces violations des principes ont lieu pour quelques individus faisant le commerce des peaux de bœufs sauvages ; et le gouvernement français a fait du petit trafic de ces négocians obscurs, et d'une réputation reconnue contestée , UN POINT D'HONNEUR POUR LA FRANCE ; c'est prodiguer beaucoup son honneur. Sans doute on doit protection au commerce en grand, mais non aux intérêts mesquins de quelques négocians ; autrement on sera toujours en armes pour des opérations mercantiles subalternes. C'est ce qui avait déjà amené la guerre avec la république du Mexique.

Dès l'instant que les négocians français de Buénos-Ayres n'ont pu obtenir ce qu'ils n'avaient pas droit d'exiger, ils auraient dû porter ailleurs leurs spéculations de *peaux*, sans que la France en fît une guerre nationale qu'on ne sait comment terminer, parce que les injustes exigences poussent les États les plus faibles à la résistance, car ils ont aussi leur point d'honneur ; ainsi qu'il y a *l'honneur* des principes, *l'honneur* du droit, *l'honneur* de l'indépendance qu'il faut savoir respecter chez les autres. Napoléon ne connut que *l'honneur de l'épée,* c'est à dire la férocité de l'épée, et son épée a été brisée.

Le président du conseil s'expliquant sur le système fédératif de la France, a dit aux Chambres, que l'alliance avec l'Angleterre avait été préférée, « parce que le gouvernement des deux puissances » *reposait sur le principe d'une politique modérée* » *et de la paix ;* mais que s'il devenait nécessaire » de se détacher de cette alliance, la France y » renoncerait sans être affaiblie, le gouvernement » de 1830 se trouvant fondé sur le vœu du pays, » et sur cette grande force qui avait remporté les

» victoires de *Jemmapes*, de *Zurich* et d'*Auster-*
» *litz*. » A quoi, l'écho railleur aurait pu répondre :
Nerwinde, Leipsick, Waterloo, Trafalgar. La grande
force d'un pays, c'est la justice.

L'analogie de principes entre les gouvernemens
anglais et français, pourrait être regardée comme
une cajolerie. Leur politique *si modérée*, est querel-
leuse et envahissante. L'Angleterre, depuis dix ans,
a été en guerre avec ses colonies d'Amérique, avec
ses voisins de l'Inde. Aujourd'hui, c'est avec la
Chine ; et elle est en discussion avec Naples, le
Portugal et les Etats-Unis.

La France a eu la guerre avec les Pays-Bas et
avec le Mexique. Elle guerroie avec Buenos-Ayres,
avec les tribus de l'Algérie et avec l'EMIR. A l'inté-
rieur, l'une et l'autre nation sont toujours à la veille
de quelque grande commotion ; tant il est vrai que
les gouvernemens dits *constitutionnels* sont, plus que
les monarchies pures, soumis à l'influence de toutes
les passions turbulentes et cupides ; parce que,
tandis que dans les monarchies pures les passions
se concentrent dans le cœur de quelques personnages, elles deviennent dans les gouvernemens re-
présentatifs, l'apanage, le moteur et l'instrument
de tous les partis, de toutes les classes, et du
menu peuple même.

Malgré la disposition réciproque des deux cabinets à une alliance, le président du conseil n'y paraît pas fortement attaché, puisque, plutôt que de

renoncer à son plan dans la question d'Orient, il abandonnerait cette alliance, si elle est en opposition avec les intérêts de la France. L'expression, *sans que la puissance de la France en fût affaiblie*, sera sentie par la fierté anglaise.

On ne saurait donc regarder cette alliance que comme un accord de *complaisance réciproque*, en vertu duquel chaque gouvernement se réserve l'entière liberté de faire ce qui lui conviendra dans sa sphère politique, sans blesser toutefois les intérêts et les prétentions de *son amie de circonstance;* mais sans asservissement, ni dépendance de part et d'autre. C'est ce qu'on voit déjà dans la question d'Orient.

On ne peut nier toutefois que l'alliance des deux nations, qui est loin d'être nouvelle, ne présente des avantages sensibles, en favorisant les vastes opérations commerciales, par une noble émulation, le perfectionnement des industries et ces communications sociales qui fondent et ramollissent l'humeur des deux peuples, sans pourtant qu'on puisse se flatter de l'harmonie et de la fusion des caractères combattus par la nature et par de nombreuses dissidences. La France, en particulier, ne saurait voir, sans de justes et amers regrets, que la moitié de l'immense fortune coloniale de l'Angleterre sur le Continent américain, aux Antilles et dans l'Inde, a été formée de sa dépouille; et elle semble attendre que quelque grand événement lui permette de revendiquer un patrimoine aliéné par l'opiniâtreté du *chef du défunt empire.*

Sans se jeter dans le vaste champ des pronostics, l'étude des choses humaines et des révolutions des empires fait entrevoir qu'un grave événement menace la Grande-Bretagne, malgré sa puissante marine et la sagacité de ses hommes d'état : *C'est la séparation instantanée et violente de toutes les parties de cet immense corps;* amalgame forcé de cent peuples divers qui, sans identité de mœurs, de langue, de religion, d'intérêts, composent le phénomène, l'on pourrait dire la *monstruosité politique* appelée l'Empire britannique. Mais ici, le conjectural se présente sous des formes si variées, si variables, et soumis à tant de caprices de la fortune, qu'il faut attendre dans le calme une catastrophe qui doit être favorable à l'émancipation de plusieurs peuples, et de ceux d'Asie principalement.

L'alliance de la France et de la Russie a été mise, dans les Chambres, en concurrence avec l'alliance britannique, sans réfléchir que les dispositions personnelles très prononcées du czar y mettent un obstacle presque invincible depuis la révolution de 1830, aussi contraire à ses principes qu'à ses affections. Or, on sait que, dans les monarchies absolues, les affections du prince règlent la marche du cabinet. Du côté de la France, l'amour-propre national a encore présent l'aigle russe reposé sur le palais des Tuileries; et quoique, dans ce même temps, l'empereur Alexandre, toujours généreux de caractère, ait rendu au peuple français d'éminens services, par la réduction des contributions de guerre et en abrégeant le séjour des alliés, ces bienfaits, qui humiliaient le superbe vaincu, n'ont pas tardé à s'effacer de sa mémoire. Le nouveau gouvernement lui-même a blessé le czar, par l'approbation et les subsides accordés, chaque année, à l'insurrection polonaise, et tout récemment en insistant sur l'annulation de l'article du traité d'Unkiar-Sckellessi, relatif au passage des Dardanelles; comme en protestant contre l'envoi d'une armée russe dans la Turquie, sous prétexte qu'elle pourrait bien être tentée de n'en plus sortir : supposition purement gratuite et démentie par l'évacuation volontaire, avant le terme, des places turques occupées par les Russes en vertu du traité d'Andrinople. Un seul événement pourrait rapprocher la France de la Russie, ce serait une rupture ouverte entre la France et l'Angleterre; mais les choses n'en sont pas là.

L'Autriche n'est guère plus disposée que la Russie à s'allier avec la France et à renouveler le traité de 1756, qui fut, quarante ans, la clé du système fédératif de la cour de Versailles, et que rompit, en 1791, la fougue révolutionnaire. Le traité de Paris de 1814 avait replacé les cabinets de Vienne et des Tuileries dans des rapports intimes, mais sans alliance écrite. La révolution de 1830, qui n'a pu qu'affecter vivement la maison d'Autriche , l'a placée dans une froide réserve vis-à-vis de la nouvelle dynastie. Les esprits avides de changemens se sont flattés que certains événemens, tels que le partage ou la chute de l'empire ottoman, pourraient ramener des remanîmens de territoires et l'annulation des actes du congrès de Vienne ; mais ces actes, devenus la grande charte domaniale de l'Europe , protégés par l'alliance des puissances du Nord , sont mis à l'abri de toute innovation sérieuse. Une seule atteinte, (et elle est du second ordre), leur a été portée ; c'est la séparation de la Belgique et de la Hollande, contre-coup de la révolution de 1830 , qui a failli amener une collision universelle que la magnanimité de l'Autriche a arrêtée.

L'invasion inopinée, et contre tout droit, de la ville pontificale d'Ancône, n'a été considérée, par la cour de Vienne, que comme un coup de tête *napoléonien*, auquel elle a paré en occupant des territoires bien plus importans ; et cet événement n'a fait que fortifier l'influence et la haute considération de la cour de Vienne en Italie, dont elle est la protectrice, contre les menées de l'esprit novateur. Son cabinet, toujours fortement prononcé pour l'ordre général, s'est montré, dans la question d'Orient, fidèle aux principes conservateurs.

La nation autrichienne, jouissant du calme, de l'aisance et des progrès des arts et des lumières dans une sage mesure, contraste avec la turbulence, le malaise, et l'énormité des budgets qui sont devenus le caractère des États dits *Constitutionnels*. Cette situation prospère qui, après tant de vicissitudes où la valeur unie à la sagacité a fini par triompher de la fortune, est due aux douces vertus du monarque, et surtout au grand homme d'État dont le génie a plus fait pour la consolidation et l'accroissement de l'empire autrichien, que ne firent l'épée des Walstein, des Eugène de Savoie, et la plume des Trautmansdorff, des Staremberg et des Kaunitz.

Des revers et des succès alternatifs des guerres de 1806, 1814 et 1815, est née, entre la France et la Prusse, une désaffection qui n'admet pas de long-temps un rapprochement; et cette désaffection, qui avait gagné la Cour, l'armée et les populations, s'est accrue encore lorsque, dans la] refonte de l'Europe, la Prusse a été placée comme l'avant-garde des armées du Nord; et que, pour la fortifier dans ce poste périlleux, elle a été dotée de quatre millions et demi d'Allemands enlevés à la France, et même de l'importante forteresse de *Saar-Louis*, portion de la monarchie de Louis XIV; blessure profondément sentie en France. Cette situation force la Prusse à s'allier étroitement avec les cours de Vienne et de Pétersbourg dont elle est disposée à accueillir les idées; ainsi qu'elle l'a montré dans la question d'Orient, où, du reste, elle

n'a d'autre intérêt que celui du maintien de l'équilibre général. L'avènement au trône de Frédéric-
Guillaume IV n'est pas propre à la formation de
liens intimes avec la France.

L'association commerciale allemande dont la Prusse
a été le premier moteur, comme elle en est le centre,
bien qu'elle ait un but légitime, qui est l'affranchis-
sement de l'industrie étrangère, présente une confédération de vingt-six à vingt-sept millions d'âmes,
formée par la Saxe, la Hesse, la Bavière, Bade,
Wurtemberg, lesquels, dans la guerre, ne man-
queront pas de se coaliser avec la Prusse. Le plan
calculé de l'association étant d'entourer de restric-
tions le commerce étranger, repousse les con-
nexions étroites de ces États avec la France.

Si maintenant l'œil se porte vers d'autres pays,
on voit l'Italie se reposer dans les beaux-arts, de
l'invasion des Gaulois modernes ; l'Espagne et le
Portugal se débattre à l'écart dans des constitutions
incohérentes ; au loin, les *Etats-Unis* grandir avec
l'élan d'une vigoureuse jeunesse, mais en se défen-
dant de toute alliance étroite avec l'Europe qu'ils
balanceront avec les républiques américaines *du
Sud*, alors que celles-ci, mieux assises, auront
cessé de se déchirer pour les rivalités de présidens
et de généraux unitaires ou fédéralistes, de race
espagnole, indienne ou de sang mêlé.

Il résulte de cette esquisse que la France n'a d'autre allié que l'Angleterre ; alliance qui ne pourra

subsister qu'avec tous les ménagemens dus à une rivalité adoucie, mais non éteinte. La France n'a point, et pourra bien ne pas avoir, d'ici à plusieurs années, des alliés sur le Continent, soit à cause des haines nationales envenimées par la répartition entre ses ennemis, de ses conquêtes, soit à cause des dissidences de principes *sur la légitimité des dynasties, sur la possession antique, sur l'insurrection, sur le propagandisme*, etc.

Le retour des *restes mortels de Napoléon* a dû indisposer plusieurs grandes puissances tour à tour vaincues et victorieuses, surtout lorsqu'on a entendu le président du conseil dire : « Que l'hom-» mage était rendu aux qualités militaires de Napo-» léon, et en vue de ne négliger aucune des idées » de gloire qui sont *les forces vives de la nation, et* » *qui doivent consolider la révolution.* » Quelle nécessité de chercher, en pleine paix continentale, à réchauffer l'instinct de la gloire militaire si dangereusement développé par Napoléon ! — *La gloire !* mot prestigieux par lequel on exalte un peuple susceptible d'enthousiasme pour les exploits militaires, et même pour des entreprises téméraires ! La gloire n'appartient qu'aux choses louables, aux actions mémorables, mais avantageuses à l'humanité. On la confond trop avec la célébrité ou avec une vaine renommée, source d'innombrables calamités.

Le président du conseil, en présentant le fantôme de Napoléon à l'Europe dont il fit *une mer de sang*, a-t-il eu la pensée de l'intimider et *de la mettre en demeure?* Voudra-t-il, par une transaction fictive, réconcilier les peuples long-temps ulcérés, ou même ramener en sa faveur cette confiance des cabinets étrangers qu'il avait perdue dans son premier ministère? Mais cette confiance, qui est la véritable gloire d'un ministre, parce qu'elle est toute personnelle, s'accorde bien moins aux saillies de l'esprit, à la finesse des expédiens, aux combinaisons de l'intrigue, et aux protestations d'une fausse bienveillance, qu'à *la noblesse d'âme, à la grandeur du caractère, au désintéressement,* aux procédés loyaux, à des communications sans arrière-pensées, et surtout à la fidélité des engagemens; en sorte qu'on puisse dire d'un ministre, ce qu'un ennemi loyal a dit du dernier duc de Richelieu : « *Que sa parole valait un traité.* »

SOLUTION DE LA QUESTION D'ORIENT.

Après tant de négociations, de notes et contre-notes, de projets et contre-projets, de décisions prises et suspendues, les grandes puissances ont senti l'urgence d'une solution de la question turco-égyptienne qui, sur le tapis depuis plus d'un an, est restée entravée par les oppositions qu'on a signalées plus haut. Cependant, comme il y a un terme à tout; et qu'il est instant d'y arriver, au risque d'amener un chaos où se heurteraient sans fin les élémens de la politique conservatrice et de la politique révolutionnaire, les puissances médiatrices ont arrêté la tenue à Londres, entre leurs plénipotentiaires, de CONFÉRENCES auxquelles est admis le représentant de la Porte. L'on peut donc se flatter que, malgré le système dilatoire et de *temporisation* d'une des hautes puissances, cette solennelle réunion diplomatique ne trompera pas l'attente publique, et déchargera les grands cabinets de la responsabilité de l'anarchie politique et des malheurs qui pourraient naître d'une inaction et d'une nullité trop prolongées. Mais, pour arriver à une solution réelle, il faut qu'on détermine bien la forme, le sens et le but de la réunion annoncée, et qu'on ne donne point au mot *conférences*, une signification tellement vague et flottante, qu'elles ne soient que des pourparlers et des causeries de salon, laissant un champ libre à l'acceptation ou au rejet des résolutions; ainsi qu'il est arrivé dans les conférences si prolongées de Londres, de 1831 à 1834, au sujet de la Belgique.

Pour arriver à un prompt résultat, il faut que, 1° on adopte, ainsi que cela a eu lieu au congrès de Vienne, *que la majorité des voix délibérantes l'emportera; et que l'opposition ou les protestations d'une et de deux puissances, ne seront point reconnues par cette majorité;*

2° Que les plénipotentiaires étant censés munis de pleins pouvoirs, *n'en réfèreront point à leurs cours respectives;* moyen facile pour entraver la marche des délibérations, et les rendre nulles ou interminables ;

3° Que la réunion diplomatique arrêtera *le mode d'exécution* pour une époque fixe ; et que si une des grandes puissances ne veut pas y concourir, elle s'engagera à s'abstenir de toute opposition.

Si ces points ne sont pas acceptés, il y a tout lieu de craindre que la subtilité ou le mauvais vouloir de quelque cabinet ne fasse tout avorter.

Dans les délibérations sérieuses, on peut débattre d'après les principes reconnus *du droit des gens, ou d'après des vues arbitraires.* Sous le rapport du droit des gens, la question turco-égyptienne est des plus simples et des moins susceptibles d'argutie, puisqu'il ne s'agit que du maintien du souverain dans ses possessions légitimes, et de la répression de la révolte ; c'est la cause de tous les États et gouvernemens.

Si la question se débat dans des vues arbitraires et d'après des intérêts variés et variables, et surtout d'après des idées de morcellement en faveur de la rébellion, ce ne sont plus des principes de droit à appliquer, mais des difficultés et des *nœuds gordiens* que l'épée est appelée à trancher tôt ou tard. Le résultat des conférences de Londres dépend donc uniquement du maintien ou de la déviation des principes.

Si maintenant on scrute les opinions et résolutions des grands cabinets, on peut bien présumer que ceux d'Autriche, d'Angleterre, de Russie, de Prusse et de la Porte Ottomane, persisteront dans leurs précédentes conclusions ; mais que celui de France, d'après la déclaration du président du conseil, fera schisme en faveur de Méhémet-Ali. L'ambassadeur de France, M. Guizot, secondera avec d'autant plus de zèle, cette base de négociation, qu'il a le premier émis la maxime, origine de la désunion entre les cabinets, « *que l'intégrité de* » *l'empire ottoman devait être restreinte dans les li-* » *mites possibles ;* » maxime aussi fausse qu'injuste, qui tend à soumettre les États à des évaluations et à des réductions arbitraires ou d'après des vues spéculatives de pure convenance ; et ici, c'est dans la prétention de disposer des provinces de l'empire ottoman en faveur d'un rebelle.

L'Angleterre, et, comme elle, la Russie, l'Autriche et la Prusse se sont prononcées contre ce système. Quant à la Porte-Ottomane, elle ne peut avoir qu'une pensée, c'est celle de l'intégrité de ses domaines garantie par quatre des puissances médiatrices, et conséquemment la soumission entière d'un sujet avec lequel sa souveraineté ne lui permet pas de traiter séparément, comme le lui suggère la France ; bien que celle-ci, par un style suranné de chancellerie, continue à se qualifier de la *plus solide, la plus constante et la plus ancienne amie de la Porte*. Mais, sans remonter à des griefs qui datent de Louis XIV, le ministère ottoman peut-il avoir déjà oublié l'invasion inopinée de l'Égypte en 1798, l'appui donné à l'insurrection de la Grèce, l'attaque déloyale de la flotte turque à Navarin, la conquête de l'État d'Alger, vassal et tributaire du Grand-Seigneur, et la faveur accordée à Méhémet-Ali, qui en a profité pour fortifier ses armemens ; en sorte que les moyens coercitifs sont devenus plus difficiles au moment où l'Angleterre, si ardente contre le pacha, se trouve, par sa rupture inopportune avec la Chine et ses discussions avec d'autres États, entraînée à un autre emploi des forces qu'elle se proposait de diriger contre Méhémet-Ali.

Nul doute que ces faits n'aient porté le refroidissement dans l'esprit et les mesures des autres puissances ; et c'est, à cause de cela même, que *la neutralité de l'Egypte* pourrait être accueillie. En effet, le plan général semble s'être borné à l'intégrité de l'empire ottoman et au maintien de l'équilibre européen ; idée peu familière au commun des hommes, et presqu'indifférente aux nations maritimes, qui ne voient aujourd'hui dans les événemens politiques que l'intérêt matériel et les bénéfices du commerce. C'est dans cette pensée que, pour les associer à la grande opération présente, on a présenté la neutralité perpétuelle de l'Égypte comme propre à intéresser les peuples, et offrant même, pour leurs gouvernemens, UNE INDEMNITÉ qui concilie les droits, les prétentions et les espérances légitimes de tous.

L'ÉXECUTION qui, dans une affaire de ce genre, est le point essentiel, doit devenir plus facile, en offrant un résultat réel et saisissable par les moins clair-voyans. Son mode a été tracé avec une graduation si claire, si intelligente et si précise *dans la convention préliminaire de Londres*, qu'il y a peu de choses à y changer. L'action principale y étant réservée au concours de l'Angleterre et de la Russie, il est à désirer que la jalousie qu'on cherche à introduire entr'elles, soit sans succès.

Objecterait-on CONTRE LA NEUTRALITÉ PERPÉTUELLE DE L'ÉGYPTE, qu'elle porterait atteinte à la puissance du sultan et à sa domination sur ce pays? Mais il n'en sera rien, puisque le pacha restera soumis aux devoirs de la vassalité, au tribut annuel, et qu'en cas de guerre même, le sultan pourra y faire des levées : choses qui constituent la souveraineté utile et honorifique.

L'ambition de Méhémet-Ali ne sera pas pleinement satisfaite; mais forcé, par une exécution habilement concertée, à se contenter du gouvernement de l'Égypte, au risque de tout perdre, il reconnaîtra, s'il obéit à la prudence de son âge, que la neutralité perpétuelle de l'Égypte doit l'enrichir par les nombreux entrepôts des produits de l'Occident et de l'Orient, par les droits de douane et l'immense circulation des voyageurs; en sorte qu'il en tirera plus de revenus que dans l'état présent, malgré son avide monopole. Avec ses bénéfices il pourra doter son obscure famille; en même temps que le Grand-Seigneur peut gratifier son fils Ibrahim, *d'un sandjackat* dans l'empire. Si Méhémet-Ali a été sincère dans ses vues de civilisation, il les accomplira avec plus de sécurité et d'étendue. Il doit enfin se convaincre que, malgré ses rodomontades, une résistance téméraire le menace d'être sans foyer et sans asile. Il cédera surtout lorsqu'il ne verra plus d'espoir du côté de la France; et celle-ci, à son tour, si son cabinet est éclairé, se prêtera, dans l'intérêt du commerce national, à accepter l'expédient d'une *neutralité perpétuelle*, plus avantageuse que ne pourrait l'être un traité particulier et temporaire avec un vieillard fourbe et inconstant.

Que les grandes puissances considèrent maintenant, que le désordre des finances de l'empire ottoman, l'esprit d'insurrection, les ébranlemens d'une réforme que la population goûte peu, parce qu'elle ne la comprend pas, et que la prolongation d'un funeste *statu quo*, peuvent faire éclater à tout instant dans la Turquie une révolution qui jetterait les cabinets de l'Europe, même ceux qui seraient tentés de la désirer, dans des difficultés bien plus insolubles que celles qu'on peut lever en ce moment par les moyens indiqués, et par tout autre que la sagacité des ministres assemblés peut appliquer ;. MAIS QU'ON SE HATE.

Ainsi se vérifiera ce qu'écrivait, au commencement du dernier siècle, le grand publiciste français (Voy. *Grandeur et décadence des Romains*, chap. XXIII), « que si quelque prince que ce fût, mettait en péril » l'empire turc en poursuivant ses conquêtes, les » trois puissances commerçantes de l'Europe con- » naissaient trop bien leur intérêt pour n'en pas » prendre la défense sur-le-champ. »

Les rôles sont changés, mais l'esprit de conservation de l'empire ottoman subsiste.

Paris, ce 25 juillet 1840.

DE FLASSAN.

APPENDICE.

I.

PROJET

DE NEUTRALITÉ PERPÉTUELLE

POUR LA BELGIQUE (1).

Tout homme ami de son pays et de l'humanité qui a porté ses méditations sur la crise qui menace l'Europe par suite de la révolution de la Belgique, a dû chercher des moyens de la détourner par des voies diplomatiques en harmonie avec la raison publique, avec les intérêts des principaux cabinets, et surtout avec *le droit conventionnel*, qui est le palladium sacré des nations. Or, le moyen le plus efficace, comme le plus légal, m'a paru se rencontrer dans l'application à la Belgique *de la neutralité perpétuelle* dont jouissent les cantons Suisses et quelques autres pays. En conséquence j'adressai à M. le ministre des affaires étrangères, Sébastiani, il y a six semaines, ou vers le 15 de décembre 1831, avec une lettre d'envoi, le Mémoire suivant, ainsi que j'en ai usé dans plusieurs graves conjonctures pour l'acquit de mes anciens devoirs : je prie qu'on veuille bien ne pas perdre de vue l'époque.

« *La Belgique* a acquis l'indépendance ; mais cette indé-
» pendance est-elle garantie par la puissance, et ce pays, dé-
» taché de la Hollande, trouve-t-il dans ses moyens person-

(1) Par M. DE FLASSAN. Paris, IMPRIMERIE DE VINCHON, 8, rue J.-J. Rousseau.—1831.

4

» nels la force qui constitue la sûreté ? Pressée entre la France,
» la Prusse et la Hollande , et n'ayant tout au plus que trois
» millions d'habitans, y compris le pays de Liége qui , avant
» 1792, n'en faisait point partie , la Belgique peut-elle se flat-
» ter de conserver long-temps son indépendance au milieu des
» retours fréquens de la guerre , et n'a-t-elle pas à craindre
» d'être l'objet de quelque nouveau plan d'invasion , de partage
» ou de conquête ? Pour s'y opposer, il faudrait à cet Etat, tant
» pour la garde de ses places frontières que pour l'armée mo-
» bile ou tenant la campagne , une armée de plus de soixante
» mille hommes ; il lui faudrait aussi une marine pour proté-
» ger ses côtes et sa navigation. On ne doit pas perdre de vue
» que les dépenses de l'administration publique et du nouveau
» gouvernement pèseront désormais en entier sur le peuple
» belge , comme conséquences de sa séparation d'avec la Hol-
» lande, dont l'union lui offrait plusieurs grands avantages ,
» tels que la participation au commerce des colonies , la libre
» navigation de l'Escaut, l'exportation prompte des produits
» du sol, etc.

» Quoi qu'il en soit , l'essentiel aujourd'hui est d'arriver à la
» paix , en s'écartant le moins possible des dispositions arrê-
» tées par les puissances signataires des traités de 1815, qui
» ont consacré l'existence de la monarchie des Pays-Bas ; et
» au nombre de ces puissances est la France qui , récem-
» ment encore , a annoncé l'intention de respecter ces traités.

» Si la résolution de la France de s'opposer à toute interven-
» tion armée dans les affaires de la Belgique a eu l'avantage
» de maintenir jusqu'à ce jour la paix générale , il faut en
» même temps reconnaître que cette résolution avouée a eu
» pour effet de hausser les prétentions des Belges, et d'encou-
» rager une résistance dans laquelle ils se flattent qu'ils seront
» soutenus par la France en cas d'attaque extérieure. De là ,
» des difficultés de plus d'un genre , telles que celles relatives
» au grand duché de Luxembourg, à la navigation de l'Escaut,

» à la reconnaissance immédiate du pavillon belge, et à la
» jouissance de tous les droits d'une indépendance qui pour-
» tant n'a pas encore été reconnue avec les formalités d'usage
» entre les peuples.

» C'est surtout au sujet des garnisons des places frontières
» du côté de la France que doivent s'élever les difficultés. On
» ne peut douter que le gouvernement belge, malgré l'impossi-
» bilité où il est, d'y mettre des garnisons suffisantes, ne veuille
» en conserver la garde exclusive. Mais les puissances signa-
» taires des traités de 1815 n'auraient-elles pas lieu d'appré-
» hender que les Belges, embarrassés bientôt d'un tel fardeau,
» ne cherchassent à remettre ces places à la France, prélude
» vraisemblable de l'incorporation de tout le pays? Personne
» n'ignore les négociations compliquées qui eurent lieu au
» commencement du xviiie siècle : ces négociations purent à
» peine être réglées par les quatre traités de *la Barrière* de
» 1709, 1712, 1715 et 1718, tant la question offrait de l'im-
» portance. Les Hollandais eurent, concurremment avec l'Au-
» triche, la garde des places frontières des Pays-Bas, jusqu'en
» 1781, époque à laquelle l'empereur Joseph II, ayant déclaré
» vouloir se soustraire aux traités de *la Barrière*, les troupes
» hollandaises se retirèrent des places frontières, dont le dé-
» mentellement ouvrit aux Français, en 1792, l'entrée des
» Pays-Bas et de tant d'autres provinces.

» C'est ce succès qui a fait revenir, en 1814 et 1815, à l'an-
» cien système des Barrières, en vue de couvrir la Belgique,
» la Hollande, la Prusse, le nord de l'Allemagne et l'Angle-
» terre elle-même, long-temps menacée par les armemens
» d'Anvers.

» On peut donc présumer que les ministres des puissances
» réunis à Londres, ne consentiront pas à laisser à la faiblesse
» des Belges, ou à leurs dispositions variables, la garde des
» places frontières récemment rélevées dans des intentions trop
» palpables. De là, le bruit qu'elles seraient occupées par les

» Prussiens ou les alliés, ce qui ne saurait convenir à la
» France. La garde des places de la nouvelle Barrière semblait
» appartenir naturellement au roi des Pays-Bas ; mais cette
» combinaison étant désormais impraticable, la politique doit
» tendre à son but de la manière la moins hostile envers la
» France. Or, après la plus profonde méditation, on ne voit
» d'autre parti acceptable « *que d'accorder à la Belgique une*
» *neutralité perpétuelle, semblable à celle dont jouissent,*
» *en vertu des traités de* 1815, *la république de Cracovie,*
» LES CANTONS SUISSES, *et les provinces de Chablais et de*
» *Faucigny appartenantes au roi de Sardaigne.* »

» Ainsi aucune force armée étrangère ne pourrait entrer dé-
» sormais dans la Belgique, sous quelque prétexte que ce fût ; et
» ce pays resterait en dehors de toutes les guerres européennes.
» Dès-lors, plus de nécessité pour la Belgique d'une armée
» nombreuse, et ce pays cesse d'être un sujet de jalousie entre
» la France, la Prusse et l'Angleterre.

» On pourra objecter qu'il n'est pas sûr que la neutralité
» perpétuelle soit une garantie suffisante contre toute invasion
» de l'étranger, ainsi que le prouvent divers événemens peu
» encore éloignés ; mais s'il est vrai que, dans le cours de la
» révolution, il y a eu plusieurs infractions aux lois de la neu-
» tralité, le retour aux règles générales du droit des gens doit
» aujourd'hui rassurer, autrement toute confiance entre les
» nations serait détruite. Il faut reconnaître que les neutralités
» violées n'étaient que partielles, momentanées, non généra-
» lement reconnues et insuffisamment protégées ; tandis que
» celles admises par les traités de 1815 sont perpétuelles. La
» neutralité de la Belgique sera d'autant plus respectée, qu'elle
» sera pour tous ses voisins un gage de sécurité et de bonne in-
» telligence. La France elle-même y trouvera, pour sa fron-
» tière du Nord, ce complément qu'elle a cherché à obtenir
» par l'acquisition de la Belgique ; acquisition que la république
» européenne lui refuse.

» La *neutralité perpétuelle* accompagnée de la libre naviga-
» tion de l'Escaut, de la franchise du port d'Anvers et de l'ex-
» trême diminution des charges publiques, donnerait à la Bel-
» gique tant d'avantages en tous genres, que son gouverne-
» ment se montrerait facile pour les autres points à régler avec
» la Hollande.

» *La neutralité perpétuelle de la Belgique* paraît tellement
» conforme à la raison politique, qu'à part même les circon-
» stances du moment qui la réclament comme voie de conci-
» liation et de pacification, cette neutralité est tellement dans
» l'intérêt de ses voisins et de l'Europe même, qu'il convien-
» drait, dans tous les cas, de l'admettre pour l'avenir. Enfin,
» cette *neutralité* nous paraît devoir éloigner tout prétexte à
» une coalition nouvelle contre la France pour violation de
» traités.

» 15 Décembre 1830.

» DE FLASSAN. »

Dans la séance du 27 janvier, M. le général Sébastiani annonça
laconiquement à la Chambre : « *Qu'une neutralité perpétuelle*
» *de la Belgique, semblable à celle dont jouissent les can-*
» *tons Suisses, lui était accordée par les grandes puissances.* »

En effet, dans la conférence de Londres, du 20 janvier 1831,
il avait été arrêté :

Art. 5. « *La Belgique, dans les limites telles qu'elles sont*
» *arrêtées et tracées, conformément aux bases posées par les*
» *articles 1, 2 et 4 du présent protocole, formera un État per-*
» *pétuellement neutre. Les cinq puissances lui garantissent*
» *cette neutralité perpétuelle, ainsi que l'intégrité et l'indi-*
» *visibilité de son territoire dans les limites mentionnées ci-*
» *dessus.* »

Art 6. « *Par une juste réciprocité, la Belgique sera tenue*
» *d'observer cette même neutralité envers tous les autres*
» *États, et de ne porter aucune atteinte à leur tranquillité in-*
» *térieure et extérieure, etc.* »

II.

DE LA POLITIQUE DE NAPOLÉON (1).

Appelés à émettre, dans l'*Histoire du congrès de Vienne*, une opinion raisonnée sur la politique de Napoléon, nous ne ferons pas défaut à nos anciennes convictions ; et nous reproduirons, à la fin de cet écrit, ce que nous avons publié en 1829. Nous nous applaudirons toujours de nous être rencontrés dans nos jugemens, avec *Benjamin Constant*, *Châteaubriand*, *de Staël*, *de Pradt*, *Bourrienne*, *Lacretelle*, *Lamartine*, *Victor Hugo*, *Ducis*, *Népomucène Lemercier*, et avec les maréchaux *Soult* et *Macdonald*.

« La diplomatie, si noble et si relevée quand elle est la pru-
» dente directrice du peuple et la médiatrice des rois, ne fut ,
» sous Napoléon Bonaparte , qu'une arène d'intrigues et de per-
» fidies , et la science des larcins publics. A des réunions de
» pure convenance , aux invasions subites , aux confiscations ,
» aux expulsions de rois, il joignit , comme invention propre ,
» *le système continental* ou celui du monopole de toutes les
» denrées coloniales..... *Le système fédératif*, espèce de féoda-
» lité plus oppressive que celle du xie siècle..... et un *système*
» *militaire* ayant pour but de nourrir la guerre par la guerre ,
» d'accroître la conquête par la conquête , de détruire ses enne-
» mis par les alliés , les alliés par ses ennemis , l'Europe par la
» France , la France par l'Europe , afin de régner sans contra-
» diction sur tous les peuples abattus. Tel fut l'ensemble des
» idées politiques de Bonaparte qui, du reste, n'eut aucun plan
« arrêté , nulle vue fixe. Son empire n'offre que l'image d'un
» chaos ou celui d'une nuit orageuse éclairée par la foudre.

(1) *Histoire du* Congrès dé Vienne, t. 2, page 434, par M. de Flassan, publié chez Wurtz, en 1829.

» Après avoir bouleversé l'Allemagne et l'Italie , et ébranlé
» l'Autriche , il coupe la Prusse en deux. Six ans après, il pré-
» tend faire subir à la Russie le même sort. Vainqueur , il eût
» (c'était son projet) porté ses armes dans le Bengale et chez les
» Marattes..... Son ambition était d'élever des ruines avec fra-
» cas. Successivement en guerre avec tous les états , comme
» pour varier ses promenades militaires, il fut surtout constant
» dans sa haine contre l'Angleterre , par cet instinct qui lui di-
» sait que c'était d'elle que partirait le coup qui le renverse-
» rait..... « La confédération du Rhin , le royaume d'Italie et la
» Pologne furent les grands pivots de sa domination. Par la
» première, il partagea l'Allemagne en deux peuples rivaux
» pour se servir de l'un contre l'autre. Il arma les Polonais cré-
» dules par l'attrait de l'indépendance, et arrosa de leur sang
» Saint-Domingue , l'Espagne , la Prusse et la Russie.

» On a voulu disculper Bonaparte , en disant que tous les
» souverains furent ambitieux ; reproche faux dans sa généra-
» lité; mais du moins tous les princes ambitieux ne furent
» pas pervers , et peu souillèrent l'ambition par le crime.....
» Compte-t-on beaucoup de rois dans la succession des âges, qui
» aient dépouillé leurs frères , emprisonné des princes alliés et
» des pontifes vertueux ?

» Bonaparte, dont les partisans vantent la sagacité et la pré-
» voyance, exposa dix fois sa fortune avant de succomber ; et
» les moyens qu'il sembla préparer pour la renverser, sont plus
» extraordinaires que ceux qu'il employa pour l'élever. En-
» vahisseur irréfléchi bien inférieur aux conquérans turcs , tar-
» tares et mongols, qui surent du moins conserver leurs acqui-
» sitions , ce personnage a prouvé que s'il est facile de boule-
» verser beaucoup avec de grandes forces , on ne consolide que
» par la sagesse.

» Trames habituelles contre tous les états soit neutres , soit
» alliés , piéges tendus aux souverains , imposture dans les pro-
» messes, audace , mépris de la raison et des routes connues ;

» jalousie implacable contre toute puissance capable de lui ré-
» sister , tels sont les principaux traits de la physionomie poli-
» tique de Bonaparte ; mais le trait le plus caractéristique, ce
» qui fut , l'on pourrait dire , *l'âme de son âme* ; c'est la pas-
» sion de l'agrandissement, en vue d'arriver à la domination
» universelle, cette folie de l'orgueil et de l'ignorance.

» Le prétendu génie de cet homme ne fut que l'éruption vol-
» canique d'une tête brûlante et d'un esprit mal réglé. Sa
» finesse n'en imposait qu'à ceux qui , subjugués par sa puis-
» sance, n'osaient pas en analyser les moyens. Dissimulé quand
» il se possédait, il se démasquait dans ses emportemens.

» Dans les discussions , on retrouvait dans lui le tribun affu-
» blé du manteau royal , discourant dans un langage mêlé de
» trivialité et d'originalité , d'ergotisme et de prétention au
» savoir. Prodigue d'argent et d'honneur moins par libéralité
» que pour se donner un brillant entourage , il profana tout ,
» titres, noblesse, décorations, le diadême et jusqu'à la
» gloire de la France , dont la capitale fut, sous lui, deux fois
» envahie. Avide de célébrité , il adopta cette opinion de Ma-
» chiavel : « *Que les crimes qui attestent le courage et la*
» *force de tête sont permis.* »

» Connaissant toutes les routes vicieuses du cœur humain , il
» gagnait les uns par l'or , les autres par les titres , ceux-ci
» par la menace, ceux-là par les cajoleries. Il payait largement
» les services rendus à sa cause , et chercha à s'attacher beau-
» coup d'êtres déconsidérés, parce qu'il comptait plus sur l'af-
» fection de l'immoralité que sur la fidélité de la vertu à la-
» quelle il ne croyait pas.

» Bonaparte fut un composé de divers personnages. Chez lui,
» on trouve du *Gengis-Kan*, du *Bazajet*, du *Don Quichotte*,
» du *Mazaniello* , du *César Borgia*, du *Cromwel*, du *Danton* ,
» du *Sganarelle*. Son nom sera fameux bien moins par ce qu'il
» fit, que par ce qu'il se lie à quelque chose de plus fameux que
» lui , la révolution française ou la grande tempête européenne.

» Toutefois, on ne peut lui refuser beaucoup d'énergie et la
» science pratique du despotisme.

» Bonaparte disait qu'il *avait été fait pour son siècle ;* ce qui
» pouvait être vrai en ce sens que, né agitateur et révolution-
» naire, il trouva sa place à une époque de convulsion univer-
» selle. Mais sa chute rapide a prouvé que son siècle, en s'éclai-
» rant, avait fini par le répudier..... Bonaparte ne sera jamais
» grand aux vrais amis de la liberté, mais il pourra l'être aux
» yeux de ceux pour qui tous les moyens de sortir de l'obscu-
» rité sont indifférens, qui prennent l'intempérance des idées
» pour le génie, un délire *épileptique* pour des inspirations du
» ciel, et le fracas de cent combats ternis par d'effroyables dé-
» faites, pour des diplômes d'immortalité. Il pourra être encore
» grand pour ceux qui, dans l'intérêt de leur amour-propre, se
» plairont à retrouver dans lui la source de leur fortune et de
» leur moderne illustration ; mais il ne sera jamais grand pour
» ceux qui ne voient dans lui qu'un homme porté, par le flot
» fangeux d'une révolution, au pouvoir suprême dont il abusa
» au point qu'il en fut déchu par ceux mêmes qui l'y avaient
» élevé, etc., etc. »

Ainsi pensait l'auteur en 1829.

SOMMAIRE DES ARTICLES.

APPENDICE.